Kinderleicht

Backen

Kochen

Einkochen

Verlag: BoD • Books on Demand GmbH, In de Tarpen 42, 22848 Norderstedt

Druck: Libri Plureos GmbH, Friedensallee 273, 22763 Hamburg

ISBN: 978-3-7597-7088-2

Vorwort

In diesem Buch möchte ich euch ein paar meiner Lieblingsgerichte vorstellen, die mir und vielen meiner Freunde besonders gut schmecken. Ich möchte euch aber auch etwas übers Einkochen erzählen, da ich finde, dass es eine tolle Sache ist und vor allem ist es gar nicht so schwer wie ihr vielleicht denkt. Ihr bekommt hier eine schöne einfache Erklärung, was ihr dafür braucht, wie es funktioniert und vieles mehr. Wer auf gutes Essen steht und keine Lust auf Fertiggerichte aus dem Supermarkt hat, wird ums Einkochen nicht drumherum kommen. Ihr werdet in diesem Buch sehen, dass es sehr viele Gerichte gibt, die ihr problemlos einkochen könnt, aber auch Gerichte, die man nicht einkochen kann. Wenn ihr schon Einkoch-Erfahrung habt, werdet ihr euch über tolle erprobte Gerichte freuen können und wisst, dass ihr einfach gewisse Zutaten erst später dazugeben könnt, um das Gericht einzukochen.

Nun noch ein paar Worte zu mir. Ich koche schon mein Leben lang, angefangen hat es natürlich zuhause mit den Eltern, später habe ich einige Praktika absolviert. Die berufliche Laufbahn habe ich dann nicht eingeschlagen, bin aber ein Hobbykoch mit Leidenschaft geworden und habe mein Wissen immer mehr erweitert und viel ausprobiert. Mit fast 40 Jahren würde ich mittlerweile behaupten, dass ich es kann und möchte deshalb auch mein Wissen mit euch teilen. Ich hoffe, ihr werdet Spaß haben mit meinem Buch! Es ist für Anfänger wie auch für Profis geeignet und ich habe mich bemüht, alles kurz und knackig zu erklären.

Inhalt

Brot und Kuchen im Glas backen:

Ein allgemeiner Tipp: Wer nicht so eine harte Kruste haben möchte, kann seine Hände nass machen und dann das Brot mit den feuchten Händen einreiben vor dem Backen. So bekommt ihr eine schöne Farbe und weiche Kruste.

Den Kuchen im Glas immer mit geschlossenem Deckel abkühlen lassen, da er sonst trocken wird.

Warum ich einkoche

Ich habe mir vor einigen Jahren einen Garten zugelegt, weil ich auf die Idee gekommen bin, dass ich mich überwiegend selbst versorgen möchte. Mein Garten hat 900qm, auf dem stehen 2 große Kirschbäume und 2 Zwetschgenbäume. Brombeeren und Johannisbeeren hatte ich auch schon direkt mit dabei, das fand ich schon mal sehr schön, da frisches Obst aus dem eigenen Garten immer besser schmeckt als gekauftes. Ich habe mir dann auch direkt ein Gemüsebeet angelegt mit ungefähr 150qm, da habe ich dann Tomaten, Gurken, Salate, Zucchini, verschiedene Kräuter, Mais, Kartoffeln, Bohnen und vieles andere angebaut. Da mir aber von Anfang an klar war, dass ich mehr produzieren werde, als ich essen kann, habe ich mir vorher überlegt, was ich tun kann, um mein Gemüse haltbar zu machen. Mir ist dann eingefallen, dass wir früher im Keller sehr viel eingekochtes Essen hatten und ich habe mich darüber schlau gemacht, wie das funktioniert und was die Vor- und Nachteile sind. Wenn man es genau nimmt, habe ich mich eigentlich schon ungefähr 2 Jahre bevor ich meinen Garten hatte, für Einkochen interessiert, da ich ja damals schon Marmelade, Apfelmus und verschiedene Säfte hergestellt hatte. Das hatte ich aber nicht so richtig als Einkochen empfunden, weil Einkochen damals für mich nur etwas mit richtigen Mahlzeiten zu tun hatte. Mittlerweile sehe ich nur Vorteile beim Einkochen, da ich so immer etwas leckeres zu Essen habe und vor allem weiß, was drin ist. Es war mir schon immer wichtig, dass mein Essen möglichst wenig Zusatzstoffe hat. Es ist auch sehr praktisch, wenn es mal schnell gehen muss, man aber keine Zeit zum Kochen findet. Ich gehe dann in meinen Supermarkt im Keller, hole mir ein Glas nach oben und muss nur noch ein paar Nudeln kochen, während ich mein Essen warm mache. Der kleine Nachteil beim Einkochen besteht darin, dass es schon mal einen halben Tag Arbeit bedeuten kann, große Mengen einzukochen und man braucht genug Platz, die Gläser unterzubringen.

Was brauche ich zum Einkochen?

Frische Zutaten sind das Wichtigste. Niemals sagen „Oh ich habe da noch etwas, das weg muss" und das dann zum einkochen benutzen. Gefrorenes Fleisch würde ich auch nicht verwenden.

Gläser und Deckel lasse ich mir auch gerne zusammensammeln wie zum Beispiel Gurkengläser, Marmeladegläser, etc. da ich mir dann nur einen neuen Deckel kaufen muss, falls der vorhandene Deckel nicht mehr gut ist. Die Twist Off Gläser sind vom Einkauf auch günstiger als die Weck Gläser und daher gut für sparsame Menschen, die nicht allzu viel Geld haben. Ich bestelle meine Gläser aber auch gerne bei **www.GläserundFlaschen.de** da ich mit den Preisen zufrieden bin und noch nie schlechte Erfahrung gemacht habe. Es kann mal vorkommen, dass ein kaputtes Glas mit dabei ist, aber da konnte ich immer darüber hinweg sehen bei einer Bestellmenge von 100 Gläsern. Meine ersten Gläser, die ich gekauft habe, waren 435ml Sturzglas, 720ml Rundglas, 500ml und 250ml Flaschen mit Schraubverschluss für Saft und Sirup (bitte niemals Plastikdeckel zum Einkochen nehmen). Welche Gläser ihr euch kauft, kommt natürlich auf den Haushalt an, wieviel Personen ihr seid, was ihr einkochen wollt und in was für Mengen. Es gibt natürlich auch noch größere und kleinere Gläser, aber die richtige Größe könnt ihr euch ja selber auswählen. Wenn ihr euch Weck Gläser kauft, braucht ihr noch die passenden Gummis und Klammern dazu.

Glasheber um die Gläser aus dem heißen Topf zu holen, weil ihr euch sonst nur die Finger verbrennt und das muss ja nicht sein.

Große Töpfe 10 Liter, 15 Liter und 20 Liter sind die Größen, die ich benutze. Das muss jeder für sich entscheiden und ausprobieren, welche Größen die richtigen sind. Wenn ich Suppe mache, benutze ich den 20 Liter Topf, den ich auch zum Einkochen nehme.

Einkochautomat mit Klipphahn, um das Wasser leichter abzulassen.

Etiketten um eure Gläser zu beschriften.

Trichter um die Gläser zu befüllen.

Entsafter falls ihr auch Säfte herstellen wollt.

Was kann ich nicht einkochen?

Milchprodukte wie Käse, Sahne, Schmelzkäse, Kokosmilch und alles was aus Milch hergestellt ist.

Mehl, Stärke, Bindemittel, Suppenpulver, Fertigsoße

Nüsse, rohe Zwiebeln, mehlige Kartoffeln sind zickig, Spinat, Fisch, Lorbeerblätter da sonst das ganze Essen danach schmeckt

Fisch, Fischmehl, Meeresfrüchte und ähnliche Produkte

Meine Einkochzeiten

Mir wurden diese Zeiten vor Jahren so beigebracht und daran halte ich mich, da ich so noch nie Schwierigkeiten hatte. Ich habe natürlich auch die Einkochzeiten vom Bundeszentrum für Ernährung studiert und finde das sehr verwirrend mit den ganzen unterschiedlichen Zeiten, aber da dürft ihr selber entscheiden, welche Zeiten ihr nehmt.

Ich habe aber auch höhere Einkochzeiten, da ich alles im Kochtopf einkoche, bei dem man die Temperatur nicht so regeln kann wie bei einem Einkochautomat und so werde ich sie auch an euch weitergeben. Ihr könnt euch aber auch an die Einkochzeiten halten, die Weck vorgibt, da die Einkochzeiten erprobt sind.

120 Minuten 100 Grad

Fleisch, Bohnen, Kürbisgewächse, Zwiebeln gut durchgegart, Karotten, Blumenkohl/Kohl generell, Erbsen, Kartoffeln, Kohlrabi, Wurzelgemüse

30 Minuten 100 Grad

Tomatensoße ohne Zwiebeln, Essiggemüse, Mixed Pickles, Apfel, Kirschen, Zwetschgen, Erdbeeren, Johannisbeeren, Blaubeeren, Fruchtsäfte, Apfelmus, Kuchen, Gurken- Zwiebeln usw. in 2,5% Essig Sud, Brot

Einkochzeiten laut Bundeszentrum für Ernährung

Richtwerte für Temperaturen und Zeiten

Diese Angaben geben Ihnen einen ersten Eindruck von den Temperatur- und Zeitspannen, nach denen Gemüse und Obst üblicherweise eingekocht werden. Halten Sie sich ansonsten an die im Rezept oder in der Anleitung Ihres Einkochgerätes angegebenen Zeiten. Denn diese hängen auch von der Größe der Gläser und Flaschen ab.

85 Grad 20-30 Minuten

Äpfel, Aprikosen, Kirschen, Mirabellen, Pfirsiche, Zwetschgen/Pflaumen, Tomaten

80 Grad 30 Minuten

Beeren wie Erdbeeren, Heidelbeeren, Johannisbeeren

90 Grad 30 Minuten

Kompott oder Fruchtmus

100 Grad 2x 60 Minuten

Gemüse wie Bohnen, Erbsen, Karotten, Blumenkohl

90 Grad 15-20 Minuten

Essiggemüse, Mixed Pickles

90 Grad 20 Minuten

Tomatenpüree/-soße

Quelle: eigene Zusammenstellung nach AGRIDEA (Hrsg.): "Feines aus dem Glas – Sterilisieren von Früchten und Gemüse", 6. Auflage 2021; Hildegard Rust: „Vorrat halten", Alois Knürr Verlags und Medien GmbH, 6. überarbeitete Auflage 2022

Stand: 04.07.2023 / Autorinnen: Gabriela Freitag-Ziegler, Hannah Schon

Kuchen und Brot einkochen

Warum kann ich Kuchen und Brot einkochen trotz Eiern, Mehl, Milch usw., obwohl man diese Zutaten doch nicht einkochen kann? Das hat etwas mit den höheren Temperaturen und der homogenen Masse zu tun die man beim Backen erreicht, beim Kochen aber nicht, da dort 100 Grad das Maximum sind.

Nudeln und Reis einkochen

Nudeln und Reis kann man nur trocken einkochen, da sie in einer Soße schnell zu gären anfangen. Wenn man es genau nimmt, ist es kein richtiges Einkochen, da die Nudeln oder der Reis nur für 1-2 Wochen haltbar sind. Ich finde, dass es sich nicht lohnt und man Nudeln oder Reis frisch dazu machen kann.

Wie kann ich einkochen?

Trocken einkochen

Ich kann zum einen Trocken einkochen, das heißt, dass ich mein Obst, Obstsalat, Fleischküchle, Zucchini einfach in ein Glas fülle, ohne Flüssigkeit dazuzugeben. Wenn man sich dann an die Einkochzeit hält, kann nichts schief gehen. Aber nicht wundern, wenn euer Obst nach dem Einkochen nicht mehr so knackig ist. Eure Fleischküchle müssen gut durchgebraten sein, bevor ihr sie einkocht.

Gemischt einkochen

Wenn ich unterschiedliche Gerichte einkoche, die unterschiedliche Zeiten und Temperaturen haben, muss ich mich immer nach dem Gericht richten, das am meisten Zeit und die höchste Temperatur braucht.

Beispiel: Apfelmus kocht man bei 90 Grad für 30 Minuten ein

Gulasch kocht man bei 100 Grad für 120 Minuten ein

Jetzt stapelt man seine Gläser gleich so, dass das Gulasch unten am Boden steht und das Apfelmus darüber, da das früher raus muss. Es ist überhaupt kein Problem, wenn das Apfelmus bei 100 Grad eingekocht wird, andersrum funktioniert es nicht. Am besten ein Trenngitter dazwischen legen, sodass man die unteren Gläser gleich wieder beschweren kann und sie nicht nach oben schwimmen. Wenn ich das so mache, lasse ich mein Gulasch nochmal 15 Minuten länger kochen, da ich den Deckel geöffnet habe und dadurch die Temperatur kurz etwas runter gegangen ist. Das ist nicht schlimm, solange man sich beeilt.

Im Einkochautomat

Im Einkochautomaten hat es den Vorteil, dass man seine Zeit und Temperatur genau einstellen kann, der Automat langsam warm wird und sich meldet, wenn er fertig ist. Man muss natürlich trotzdem ein Auge darauf haben, da man seine Gläser ja direkt rausholen muss, sobald der Automat das Zeichen gibt.

Im Topf

Wenn man wie ich in einem Topf einkocht, gibt es nur eine Temperatur und das sind 100 Grad. Es ist aber nicht schlimm, wenn man Gerichte bei 100 Grad einkocht, die man eigentlich bei 90 Grad einkochen sollte. Andersrum geht es nicht. Ich lege Schaschlikspieße aus Holz auf den Boden, damit meine Gläser nicht auf dem Topfboden stehen. Es besteht sonst die Gefahr, dass die Gläser brechen. Man kann aber auch ein Kuchengitter oder Handtusch drunter legen, das ist kein Problem. Spieße sind meiner Meinung nach am besten da sie platzsparend sind, nicht so wie ein Gitter und unter einem Handtuch können sich Luftblasen bilden.

Wichtig: Wenn man im Topf einkocht, den Herd nicht auf höchste Stufe stellen, da sonst das Wasser kocht und die Gläser innen noch kalt sind. Am besten auf mittlere oder kleine Stufe stellen, so dass das Wasser langsam heiß wird. Bei mir dauert es ungefähr 1 Stunde bis das Wasser kocht und ab da fängt dann die Einkochzeit an.

Im Backofen:

Im Backofen ist es prinzipiell möglich einzukochen, ich rate aber davon ab da sich TO Gläser nicht dafür eignen und die Gummiringe kaputt gehen können. Aber sonst gilt. Gläser in eine Auflaufform stellen und mit 3cm Wasser auffüllen. Backofen auf 170 Grad stellen. Wenn der Inhalt anfängt zu blubbern auf 130 Grad stellen und ab da beginnt die Einkochzeit.

Hygiene

Am besten ist es, wenn man vor dem Kochen erstmal seine Arbeitsfläche mit warmen Wasser und Spülmittel reinigt, um sämtliche Keime und Bakterien zu beseitigen. Gläser und Deckel immer mit heißem Wasser und Spülmittel gründlich auswaschen, auf den Kopf und weg von der Arbeitsfläche stellen, damit sie sauber bleiben. Ihr könnt sie auch in der Spülmaschine spülen, aber dann würde ich sie nochmal unter fließendem Wasser ausspülen, um den Klarspüler runter zu waschen. Man kann seine Gläser aber auch für 15 Minuten bei 120 Grad im Backofen desinfizieren. Das mache ich aber nur, wenn ich mal Schimmel in einem Glas hatte, da man Schimmelsporen nicht einfach wegspülen kann. Der Trichter, um die Gläser zu befüllen, wird vor jedem Gebrauch auch gespült und zwischen den einzelnen Arbeitsschritten wasche ich mir auch regelmäßig die Hände und reinige meine Arbeitsfläche.

Gläser befüllen

Ich lasse immer mindestens 3 cm Luft bis zum Deckelrand. Zu hoch befüllt, kann Soße durchdrücken und eine Keimbrücke bilden, die dann Schimmelbildung begünstigt. Nach dem Befüllen reinige ich den Gläserrand mit einem Küchentuch, um Tropfen, Essensreste zu entfernen, dann desinfiziere ich den Gläserrand und Deckel mit 40% Alkohol. Von den handelsüblichen Desinfektionsmitteln rate ich ab, da Alkohol denselben Effekt hat.

Wieviel Wasser brauche ich in meinem Topf zum Einkochen?

Wenn möglich, fülle ich immer soviel Wasser in den Topf, dass alle Gläser komplett bedeckt sind. Bei mehreren Lagen Gläsern ist das nicht immer möglich, was nicht so schlimm ist. Wichtig ist, dass die Gläser immer zu ¾ im Wasser stehen.

Gläser auf den Deckel drehen?

Ich sage dazu ganz klar **nein.**

Ich habe es noch nie gemacht, weil ich bei Bekannten schon gesehen habe, wie sich der Inhalt rausgedrückt hat, die Gläser dann kaputt waren und man alles nochmal neu einkochen musste. Sobald etwas durch den Deckel durchkommt, ist es ein Risiko, da sich leichter Schimmel bilden kann und das wollen wir ja vermeiden.

Man deckt die Gläser auch nicht mit einem Handtuch ab. Wenn man seine Gläser aus dem Topf oder Einkochautomat holt, sollte man sie nicht gerade an ein offenes Fenster stellen, da die Gläser langsam bei Raumtemperatur abkühlen sollen. Da ich meistens am Abend einkoche lasse ich die Gläser einfach in der Küche auf der Ablage stehen und räume sie am nächsten Morgen in meinen Keller, da sie dann komplett abgekühlt sind. Bevor man seine Gläser wegräumt, erst noch jeden Deckel kontrollieren, ob auch alle Vakuum gezogen haben. Falls mal ein Deckel kein Vakuum gezogen hat, kann man dieses Glas auch ein paar Tage im Kühlschrank aufbewahren. Falls es mehrere Gläser sind, kann man sie auch direkt nochmal einkochen.

Lagerung

Am besten ist es immer, wenn man seine Gläser kühl und dunkel lagert, im Keller, falls vorhanden. Ich habe einen schönen Gewölbekeller, der auch noch recht trocken ist und das sind ideal Bedingungen, da ich dort immer dieselbe Temperatur habe. Wenn man keinen Keller hat sollte man sich einen Küchenschrank suchen, der weit von der Heizung entfernt ist.

Haltbarkeit

Man kann sagen, dass Eingekochtes mindesten 6-12 Monate haltbar ist.

Es kommt auch darauf an, was man einkocht. Fertige Gerichte sind nicht so lange haltbar wegen der verschiedenen Zutaten, wie wenn man alle Zutaten einzeln einkocht. Beim Kuchen sagt man ungefähr 6 Monate, während Gemüse einzeln eingekocht ungefähr 12 Monate haltbar ist.

Ich mache auch Selbstversuche und schaue wie lange etwas haltbar ist und kann aus eigener Erfahrung sagen, dass manche Gerichte auch noch nach mehreren Jahren genießbar waren. Man muss sich da halt auch ein bisschen auf seine Sinne verlassen. Sehen, Riechen, Schmecken und nicht blind sagen das es erst 3 Monate alt ist, das muss noch gut sein, da gerade am Anfang noch etwas schief gehen kann und manche Gläser sauer werden oder Schimmel bilden. Das ist auch mir am Anfang passiert, dass manche Gläser nicht gut waren, das ist aber normal, da noch kein Meister vom Himmel gefallen ist. Davon darf man sich nicht entmutigen lassen und sollte deshalb nicht gleich die aufwendigsten Gerichte kochen.

Es ist auch ratsam, seine Gerichte vor dem Verzehr richtig zu erhitzen und ein paar Minuten kochen zu lassen. Sauer Eingelegtes kann man hingegen direkt aus dem Glas essen wegen der enthaltenen Säure.

Wenn man ein Fertiggericht öffnet und nicht alles auf einmal isst, sollte man es verschließen, im Kühlschrank lagern und nach 2 Tagen gegessen haben, da wir keine Konservierungsstoffe darin haben.

Ich rate auch davon ab, ein geöffnetes Gericht nochmal einzukochen, außer es kam frisch aus dem Einkochtopf und hat kein Vakuum gezogen, dann sollte man es innerhalb von 24 Stunden nochmals einkochen.

Süß sauer einlegen

Man kann sich sein Gemüse auch süß sauer einlegen wie Mixed Pickles, Zucchini, Paprika, Gurkensalat, Kürbis usw., um im Winter sein leckeres Gemüse aus dem Garten zu genießen. Da muss man aber auch wieder die Einkochzeiten beachten, da nicht jedes Rezept gleich ist. Bei mehr Essig reichen 30 Minuten bei 90 Grad und bei weniger Essig muss man es 120 Minuten bei 100 Grad einkochen. Das hat etwas mit der Säure zu tun, da man bei 30 Minuten 90 Grad immer mindestens 2,5% Säure braucht, sprich 5% Essig kann man 1:1 mit Wasser mischen, um auf die 2,5% zu kommen und weiß dann, dass man es bei 30 Minuten 90 Grad einkochen kann. Nimmt man aber weniger Essig als Wasser, muss man es 120 Minuten bei 100 Grad einkochen, das es sicher ist. Wenn man Essigessenz nimmt, muss man natürlich wieder anders rechnen, da man da nicht sagen kann, ich nehme es 1:1 mit Wasser, da man ja nicht zu viel Säure haben möchte. Hier mal ein kleiner Tipp, wie ihr euren Säuregehalt selbst berechnen könnt, wenn ihr euch nicht sicher seid, ob es genug oder zu viel Säure ist, falls ihr eine Essigessenz benutzt **www.essigherstellung.at**

Worauf ihr dabei achten müsst, ist das immer alles an Gemüse komplett mit Flüssigkeit bedeckt ist und gerade Zwiebeln, Knoblauch würde ich immer nach ganz unten legen, um auf Nummer Sicher zu gehen, dass die genug Flüssigkeit abbekommen.

Haselnuss Sonnenblumenkern Brot

Zutaten

250g   Weizenmehl Type 405

250g   Dinkelmehl Type 1050

1   Esslöffel Salz gestrichen

1   Packung Hefe oder einen Würfel frische Hefe

1   Esslöffel Backmalz gehäuft

3   Esslöffel Haselnuss gemahlen

5   Esslöffel Sonnenblumenkerne

290ml Wasser

    Etwas Mehl zur Teigverarbeitung

Zubereitung

250g Dinkelmehl abwiegen und durch ein feines Sieb in die Schüssel sieben, dann Salz, Backmalz, Haselnüsse, Sonnenblumenkerne und Hefe über das Mehl geben, dann 250g Weizenmehl abwiegen und durch ein Sieb lassen, alles mit 290ml lauwarmen Wasser übergießen und mit einem Löffel verrühren, bis es eine festere Masse wird und dann von Hand kneten, bis es eine feste Masse ist und nichts mehr an den Fingern kleben bleibt.

Den Teig komplett mit Mehl einreiben und dann in einer Schüssel gehen lassen, im Backofen bei 50° für eine Stunde. Dann nochmal kurz durchkneten und in Form bringen.

Den Backofen auf 200° Ober/Unter Hitze vorheizen und 50 Minuten backen.

Weizenvollkorn Brot

Zutaten

150g   Weizenmehl 550

150g   Weizenmehl 1150

200g   Vollkorn Weizenmehl

1   Esslöffel Salz gestrichen

1   Esslöffel Backmalz gestrichen

300   ml lauwarmes Wasser

1   Päckchen Hefe oder einen Würfel frische Hefe

Etwas Mehl zur Teigverarbeitung

Zubereitung

Erst das Weizenmehl Type 550 und 1150 abwiegen und durch ein feines Sieb in eine Schüssel lassen, dann Hefe, Backmalz und Salz dazugeben. 200g Vollkorn Weizenmehl durch ein Sieb lassen und alles mit 300ml lauwarmen Wasser übergießen, mit einem Löffel verrühren bis es eine festere Masse geworden ist und dann mit den Händen kneten bis nichts mehr an den Fingern kleben bleibt.

Dann den Teig mit Mehl einreiben und für eine Stunde im Backofen bei 50° gehen lassen. Dann nochmal kurz durchkneten und in Form bringen.

Backofen auf 200 Grad Ober/Unter Hitze vorheizen und das Brot 50 Minuten backen.

Roggenmischbrot ohne Sauerteig

Zutaten

200g Roggenmehl Type 997

150g Weizenmehl Type 405

150g Dinkelmehl Type 1050

  1   Päckchen Trockenhefe

  1   Esslöffel Salz gestrichen

290ml Wasser

  Etwas Mehl zur Teigverarbeitung

Zubereitung

Erst das Roggenmehl abwiegen und durch ein Sieb lassen, dann Salz und Hefe dazugeben.

Weizenmehl und Dinkelmehl abwiegen und durch ein Sieb lassen, 290ml lauwarmes Wasser dazugeben und alles mit einem Löffel verrühren, bis es eine festere Masse ist und dann von Hand weiter kneten, bis nichts mehr an den Fingern kleben bleibt.

Den Teig mit Mehl einreiben und im Backofen bei 50 Grad für eine Stunde gehen lassen.

Backofen auf 200 Grad Ober/Unter Hitze vorheizen und den Teig nochmal kurz durchkneten.

Brot in Form bringen und 50 Minuten backen.

Bauernbrot

Zutaten

300g   Weizenmehl Type 405

280g   Weizenmehl Type 1050

   1   Esslöffel Brotgewürz

   1   Esslöffel Zucker

   1   Esslöffel Salz

 380   ml lauwarmes Wasser

   1   Päckchen Trockenhefe

       Etwas Mehl zur Teigverarbeitung

Zubereitung

Mehl abwiegen und durch ein Sieb lassen, dann Brotgewürz, Zucker, Salz und Hefe dazugeben.

Wasser dazugeben und mit einem Löffel verrühren bis es eine festere Masse geworden ist und dann von Hand fertig kneten, bis nichts mehr an den Fingern kleben bleibt.

Brot bei 50 Grad im Backofen gehen lassen für eine Stunde.

Dann Backofen auf 220 Grad Ober/Unter Hitze vorheizen.

Brotteig nochmal durchkneten, in runde Form bringen und nochmal 30 Minuten gehen lassen.

Brot für 15 Minuten bei 220 Grad Ober/Unter Hitze vorbacken und dann auf 190 Grad runterdrehen und nochmal 40 Minuten fertig backen.

Burger Buns

Zutaten

450g	Weizenmehl Type 405
1,5	Esslöffel Salz
2	Esslöffel Zucker
1	Hefe
150ml	lauwarmes Wasser
150ml	lauwarme Milch
2-3	Esslöffel Sesam
	Öl zum Bestreichen

Zubereitung

Mehl, Salz, Zucker, Hefe verrühren.

Milch und Wasser dazugeben und verkneten.

Teig zu Kugeln formen und 1 Stunde gehen lassen.

Brötchen formen und mit einem feuchten Tuch abgedeckt noch 30 Minuten gehen lassen.

Mit Öl bestreichen und Sesam bestreuen.

200 Grad Umluft 15-20 Min backen.

Verschiedene Nudelteige

Alle Nudelteige werden gleich hergestellt. Für die Nudeln brauchen wir eine Nudelmaschine und für die Spätzle eine Spätzlepresse

Nr. 1

400g   Hartweizenmehl

200ml Wasser

1   Esslöffel Olivenöl

1   Prise Salz

Nr.2

400g   Weizenmehl Type 405

4   Eier M

1   Schuss Öl

1   Prise Salz

Nr.3

200g   Hartweizengrieß

200g   Weizenmehl Type 405

1   Teelöffel Salz

200ml Wasser

Nr.4 Spätzle

500g   Weizenmehl Type 405

10   Eier M

1   Teelöffel Salz

        etwas Muskat

Zubereitung

Alle Zutaten in eine Schüssel geben und mit einem Knethacken zu einem glatten Teig kneten.

Teig auf einer Arbeitsfläche nochmal weiter kneten für min. 5 Minuten.

Ist er zu trocken, etwas Wasser dazu geben, ist er zu feucht, etwas Mehl dazugeben.

Hat der Teig die perfekte Konsistenz, zu einer Kugel formen und abgedeckt für 30 Minuten ruhen lassen.

Teig nochmal von Hand durchkneten und dann durch die Nudelmaschine lassen.

Mit der breitesten Walzenöffnung anfangen und immer dünner werden.

Wenn der Teig die gewünschte Dicke hat, durch die Schneideöffnung drehen.

Spätzle

Alle Zutaten in eine Schüssel oder Messbecher geben.

Mit dem Knethacken verrühren bis es ein glatter Teig ist.

Mit 2 Löffel etwas Teig in die Spätzlepresse geben und durchdrücken in einen großen Topf mit kochendem Salzwasser.

Wenn die Spätzle oben schwimmen, sind sie fertig.

Pfannenkuchen

Zutaten

300g	Mehl
300ml	Milch
300ml	Sprudel Medium
4	Eier
	etwas Butter zum Braten
1	Prise Salz
50g	Zucker für süße Pfannkuchen/ für deftige etwas Pfeffer und frischer Schnittlauch, dafür kein Zucker.
1	Päckchen Vanillezucker

Zubereitung

Alle Zutaten in eine große Schüssel geben und verrühren.

Etwas Butter in einer großen Pfanne erhitzen.

Mit einer Schöpfkelle etwas Teig in die Pfanne und den Teig durch schwenken verteilen.

Pfannenkuchen mit Apfelmus, Zimt und Zucker, Marmelade oder Sirup anrichten.

Wichtig: Das Gericht ist nicht einkochbar wegen der Milch und den Eiern.

Kuchen im Glas

Zutaten

2	Eier
100g	Puderzucker
1	Prise Salz
1	EL Vanillezucker
100	ml Milch
50g	Mehl
50g	Speisestärke
100	ml Sonnenblumenöl
1 ½	TL Backpulver
3	Esslöffel Schokostreusel

Zubereitung

Eier, Zucker und Salz schaumig schlagen, Milch und Öl unterrühren.

Mehl, Speisestärke, Streusel und Backpulver miteinander vermischen und zu einem glatten Teig verrühren.

Backofen auf 180 Grad vorheizen, die Gläser darin 15 Minuten sterilisieren und abkühlen lassen.

Gläser mit Öl einreiben und zur Hälfte füllen.

Kuchen für 20 bis 25 Minuten backen.

Nach dem Rausholen direkt den Deckel drauf machen und abkühlen lassen für 24 Stunden.

Der Kuchen ist einkochbar wenn man ihn 24 Stunden hat abkühlen lassen.

Einkochzeit: 30 Minuten 100 Grad, die Einkochzeit beginnt, wenn das Wasser kocht.

Apfelkuchen im Glas

Zutaten

10	Äpfel
250g	Butter warm
250g	Zucker
4	Eier
500g	Weizenmehl Type 405
1	Päckchen Backpulver
125ml	Milch
1	Zitrone

Zubereitung

Zitrone auspressen, Äpfel schälen, in kleine Würfel schneiden und in den Zitronensaft geben.

Eier, Zucker und Butter schaumig schlagen.

Mehl, Milch, Backpulver und Äpfel dazugeben und zu einem glatten Teig verrühren.

Backofen auf 180 Grad vorheizen, Gläser 15 Minuten darin sterilisieren und beiseite stellen.

Gläser mit Butter einschmieren und zur Hälfte füllen.

Kuchen für 20-25 Minuten Backen und danach sofort den Deckel drauf machen.

Der Kuchen ist einkochbar, wenn man ihn 24 Stunden hat abkühlen lassen.

Einkochzeit: 30 Minuten 100 Grad, die Einkochzeit beginnt, wenn das Wasser kocht.

Käsekuchen im Glas

Zutaten

1kg	Quark
200g	Zucker
200g	Butter und etwas Butter für die Gläser
5	Eier
300ml	Milch
2	Päckchen Vanillezucker
2	Stück Zitronenabrieb

Zubereitung

Backofen auf 160 Grad Umluft vorheizen und Gläser für 15 Minuten Sterilisieren.

Eier, Butter, Zucker und Vanillezucker schaumig schlagen.

Zitronenabrieb, Milch und Quark dazugeben und zu einen glatten Teig verrühren.

Gläser mit Butter einreiben und zur Hälfte befüllen.

Bei 160 Grad 40-45 Minuten backen.

Nach dem Rausholen direkt den Deckel drauf und 24 Stunden abkühlen lassen.

Der Kuchen ist einkochbar, wenn man ihn 24 Stunden hat abkühlen lassen.

Einkochzeit: 30 Minuten 100 Grad, die Einkochzeit beginnt, wenn das Wasser kocht.

Zwetschgenkuchen im Glas

Zutaten

600g	Zwetschgen
400g	Butter und etwas Butter für die Gläser
360g	Zucker
6	Eier
40g	Vanillezucker
400g	Mehl Type 405
100g	Haselnüsse gemahlen
1	Päckchen Backpulver
4	Esslöffel Rum

Abrieb einer Zitrone, Marmelade zum Bestreichen, Zimt

Zubereitung

Butter, Zucker, Eier, Zitrone, Vanillezucker schaumig schlagen.

Mehl, Backpulver, Rum und Haselnüsse unterrühren.

Zwetschgen waschen, entkernen und vierteln.

Backofen auf 175 Grad vorheizen und die Gläser 15 Minuten sterilisieren und abkühlen lassen.

Gläser mit Butter einreiben, zur Hälfte füllen und für 25-35 Minuten backen.

Nach dem Raushohlen direkt verschließen und abkühlen lassen.

Der Kuchen ist einkochbar, wenn man ihn 24 Stunden hat abkühlen lassen.

Einkochzeit: 30 Minuten 100 Grad, die Einkochzeit beginnt, wenn das Wasser kocht.

Marmorkuchen im Glas

Zutaten

220g   Butter

220g   Zucker

1   Päckchen Vanillezucker

4   Eier

500g   Mehl Type 405

1   Päckchen Backpulver

125ml Milch

30g   Kakao

3 Esslöffel Amaretto

Zubereitung

Butter, Zucker, Eier und Vanillezucker schaumig schlagen.

Mehl, Milch und Backpulver unterrühren und den Teig dann teilen.

Amaretto und Kakao in die eine Hälfte unterrühren.

Backofen auf 180 Grad vorheizen und die Gläser für 15 Minuten sterilisieren.

Gläser mit Butter einreiben, mit Paniermehl bestreuen.

Gläser zur Hälfte füllen, für 35 Minuten backen.

Nach dem Rausholen direkt verschließen und für 24 Stunden abkühlen lassen.

Der Kuchen ist einkochbar, wenn man ihn 24 Stunden hat abkühlen lassen.

Einkochzeit: 30 Minuten 100 Grad, die Einkochzeit beginnt, wenn das Wasser kocht.

Pizza mit Tomatensoße

Zutaten

250g	Weizenmehr Type 405
150ml	Wasser
½	Päckchen Trockenhefe
1	Teelöffel Olivenöl
5g	Salz
1	Dose Gehackte Tomaten
	Oregano, Basilikum, Salz, Pfeffer

Zubereitung

Mehl, Salz abwiegen und mit einem halben Päckchen Trockenhefe durch ein feines Sieb in eine Schüssel geben. 150 ml lauwarmes Wasser und Öl dazugeben, mit einem Löffel verrühren, bis es eine festere Masse gibt. Dann von Hand so lange kneten, bis nichts mehr an den Fingern kleben bleibt. Den Teig dann für 60 Minuten an einem warmen Ort gehen lassen. Teig mit der Hand zu einer schönen Pizza formen und auf ein Backblech geben.

Etwas Öl im Topf warm werden lassen, dann für ein paar Sekunden Oregano und Basilikum erhitzen, um die Aromen freizusetzten. Gehackte Tomaten dazu geben, mit Salz, Pfeffer abschmecken und für 10 Minuten köcheln lassen. Am besten einen Tag vorher machen, damit die Soße durchziehen kann.

Backofen auf die höchste Stufe vorheizen und die Pizza für 8-10 Minuten backen.

Hühnerbrühe/Suppe

Zutaten

1	Suppenhuhn ca. 2 kg
3	Zwiebeln
3	Karotten
300g	Sellerie
0,5	Stange Lauch
	Salz, Pfeffer weiß, Koriander gemahlen, 15 Wacholderbeeren

Zubereitung

Suppenhuhn in 2,5 Liter Wasser für 2 Stunden simmern lassen oder bei kleinster Stufe köcheln mit Deckel.

Zwiebel halbieren, Karotten, Sellerie und Lauch waschen und grob klein schneiden, Wacholderbeeren etwas zerdrücken und alles mit dem Koriander in den Topf geben.

Alles nochmal 2 Stunden köcheln lassen.

Jetzt das Huhn aus der Brühe nehmen und das Fleisch abzupfen. Die Brühe durch ein feines Sieb geben.

Mit Salz, Pfeffer abschmecken und das Hähnchenfleisch dazugeben.

Das Gericht ist einkochbar. Bitte mindestens 3cm Luft zum Deckel lassen und die Einkochzeit beginnt, wenn das Wasser kocht.

Einkochzeit: 120 Minuten bei 100 Grad

Rinderbrühe/Suppe

Zutaten

1kg	Rindermarkknochen
3	Zwiebeln
3	Karotten
300g	Sellerie
2	Lorbeerblätter
1	Rinderbein Scheibe
2,5	Liter Wasser
1	Bund Petersilie
1	Lauch

Salz, Pfeffer schwarz, 1 Esslöffel Koriander gemahlen, 15 Wacholderbeeren, 1 Teelöffel Thymian

Zubereitung

Knochen ohne Öl anbraten, bis sie eine braune Farbe haben.

Zwiebeln halbieren, mit Schale zu den Knochen dazugeben, bis sie auch eine braune Farbe haben.

Das Wasser, Koriander, Wacholderbeeren, Thymian und Lorbeerblätter dazugeben und für 3 Stunden bei kleiner Stufe köcheln lassen mit Deckel und den Schaum gelegentlich abschöpfen.

Gemüse waschen, in grobe Stücke schneiden, mit der Beinscheibe dazugeben und nochmal für 2 Stunden köcheln lassen.

Fleisch rausnehmen, den Rest durch ein feines Sieben lassen.

Mit Salz, Pfeffer würzen und das Fleisch zurück in die Brühe geben.

Das Gericht ist einkochbar. Bitte mindestens 3cm Luft zum Deckel lassen und die Einkochzeit beginnt, wenn das Wasser kocht.

Einkochzeit: 120 Minuten bei 100 Grad

Gemüsebrühe

Zutaten

3	Karotten
0,5	Sellerieknolle
3	Zwiebeln
2	Knoblauchzehen
15	Wacholderbeeren
1	Bund Petersilie
2	Lorbeerblätter
1	Stange Lauch
2,5	Liter Wasser
	Salz, Pfeffer, Thymian, Koriander

Zubereitung

Sellerie, Lauch, Karotten waschen und in kleine Würfel schneiden.

Zwiebeln halbieren und ohne Öl im Topf leicht anbraten.

Knoblauch halbieren, mit dem restlichen Gemüse, Koriander, Thymian, Wacholderbeeren in den Topf geben und mit 2,5 Liter Wasser aufgießen.

Alles bei kleiner Hitze für 30 Minuten köcheln lassen ohne Deckel.

Jetzt Salz und Pfeffer dazugeben und nochmal 30 Minuten mit Deckel köcheln lassen.

Alles durch ein feines Sieben lassen, fertig.

Das Gericht ist einkochbar. Bitte mindestens 3cm Luft zum Deckel lassen und die Einkochzeit beginnt, wenn das Wasser kocht.

Einkochzeit: 120 Minuten bei 100 Grad

Brokkoli Suppe

Zutaten

500g   Brokkoli

  2   Zwiebeln

  3   Knoblauchzehen

800ml   Brühe nach Wahl (selbst gemacht)

        Salz, Pfeffer, Koriander gemahlen, Thymian, Öl

Zubereitung

Zwiebeln und Knoblauch schälen und in kleine Würfel schneiden.

Zwiebeln leicht anbraten und den Knoblauch eine Minute am Schluss mit anbraten.

Kurz bevor ihr das Wasser dazugebt, den Thymian in Topf geben.

Brokkoli klein schneiden und für 20 Minuten mit Deckel köcheln lassen.

Nach 20 Minuten alles pürieren und genießen.

Das Gericht ist einkochbar. Bitte mindestens 3cm Luft zum Deckel lassen und die Einkochzeit beginnt, wenn das Wasser kocht.

Einkochzeit: 120 Minuten bei 100 Grad

Brokkoli-Sahnesuppe mit Speck

Zutaten

500g	Brokkoli
2	Zwiebeln
3	Knoblauchzehen
600ml	Brühe nach Wahl (selbst gemacht)
125g	Speck
200ml	Sahne
	Salz, Pfeffer, Koriander gemahlen, Thymian, Öl

Zubereitung

Zwiebeln und Knoblauch schälen und in kleine Würfel schneiden.

Zwiebeln, Speck leicht anbraten und den Knoblauch eine Minute am Schluss mit anbraten.

Dann alles in eine extra Schüssel geben und den Brokkoli 20 Minuten in der Brühe köcheln lassen.

Nach 20 Minuten den Brokkoli pürieren.

Sahne, Gewürze, Zwiebel, Speck und Knoblauch dazugeben und nochmal 10 Minuten köcheln lassen.

Das Gericht ist nicht einkochbar wegen der Sahne.

Wenn ihr die Sahne weglasst und erst beim aufwecken dazugebt könnt ihr das Gericht einkochen.

Bitte mindestens 3cm Luft zum Deckel lassen und die Einkochzeit beginnt, wenn das Wasser kocht.

Einkochzeit: 120 Minuten bei 100 Grad

Linsensuppe

Zutaten

200g	Speck
150g	Linsen
1	Bund Suppengrün
1L	Rinderbrühe (selbst gemacht)
4	Wiener Würstchen
4	Kartoffeln
2	Zwiebeln
1	Messerspitze Kreuzkümmel
	Salz, Pfeffer, Essig, Öl, etwas Zucker

Zubereitung

Zwiebeln schälen, Speck in Streifen schneiden und bei geringer Hitze anbraten mit Öl.

Suppengrün waschen, Kartoffeln schälen und alles in kleine Würfel schneiden und kurz mit anbraten.

Würstchen schneiden und in den Topf geben kurz bevor ihr die Brühe dazugebt.

Linsen und Brühe in den Topf geben und für 45 Minuten bei kleiner Hitze mit Deckel köcheln lassen.

Alles mit Salz Pfeffer, Kümmel, Zucker und Essig abschmecken.

Das Gericht ist einkochbar. Bitte mindestens 3cm Luft zum Deckel lassen und die Einkochzeit beginnt, wenn das Wasser kocht.

Einkochzeit: 120 Minuten bei 100 Grad

Spinatsuppe mit Pilzen

Zutaten

450g	Spinat
250	Waldpilze gefroren
1	Zwiebel
1	Knoblauchzehe
200ml	Sahne
200ml	Brühe (selbst gemacht)
	Öl, Salz, Pfeffer

Zubereitung

Knoblauch und Zwiebel schälen, in grobe Würfel schneiden und anbraten.

Spinat dazugeben und unter Rühren mit der Brühe aufkochen.

Pilze, Sahne, Salz, Pfeffer dazugeben und nochmal 10 Minuten köcheln lassen mit Deckel.

Wichtig: Das Gericht ist nicht einkochbar wegen der Sahne und dem Spinat.

Rindfleischsuppe

Zutaten

1	Rinderbeinscheibe
500g	Suppenfleisch
0,5	Knolle Sellerie
3	Karotten
1	Stange Lauch
2	Zwiebeln
1	Liter Rinderbrühe (selbst gemacht)
1,5	Liter Wasser
5	Markknochen

Salz, Pfeffer, Koriander, etwas frische Petersilie

Zubereitung

Beinscheibe, Suppenfleisch und Knochen in einen Topf mit Wasser geben und simmern lassen.

Gemüse waschen, schälen, in kleine Würfel schneiden, Petersilie hacken und nach einer Stunde dazugeben.

Den Schaum vorsichtig abschöpfen.

Nach 3 Stunden Fleisch und Knochen aus dem Topf nehmen.

Fleisch in mundgerechte Stücke schneiden und wieder in den Topf geben, mit Salz und Pfeffer abschmecken.

Das Gericht ist einkochbar. Bitte mindestens 3cm Luft zum Deckel lassen und die Einkochzeit beginnt, wenn das Wasser kocht.

Einkochzeit: 120 Minuten bei 100 Grad

Flädlesuppe

Zutaten

300g	Mehl
300ml	Milch
300ml	Sprudel Medium
4	Eier
1	Prise Salz und Schnittlauch
1,5	Liter Brühe (selbst gemacht)
	Etwas Butter zum Braten

Zubereitung

Brühe in einen Topf geben.

Alle anderen Zutaten in eine große Schüssel geben und verrühren.

Etwas Butter in einer großen Pfanne erhitzen.

Mit einer Schöpfkelle etwas Teig in die Pfanne und den Teig durch schwenken verteilen.

Pfannkuchen in dünne Streifen schneiden und ca. 5 cm lang.

Brühe erhitzen, Pfannenkuchen in Teller und dann die Brühe drüber gießen.

Wichtig: Das Gericht ist nicht einkochbar wegen der Pfannkuchen.

Tortellini Suppe

Zutaten

400g   Hackfleisch

1   Zwiebeln

2   Knoblauchzehen

100ml Rotwein

1   Teelöffel Kreuzkümmel

1   Teelöffel Chilipulver

2   Dosen gehackte Tomaten

1   Esslöffel Tomatenmark

350ml Rinderbrühe (selbst gemacht)

500g   Tortellini

1   Dose Kidneybohne

Etwas Creme fraiche, Petersilie, Salz Pfeffer

Zubereitung

Tortellini bissfest kochen.

Zwiebel und Knoblauch schälen und in feine Würfel schneiden.

Hackfleisch anbraten und dann erst die Zwiebel mit dazugeben und anbraten.

Tomatenmark und Knoblauch mit dazugeben und mit Salz, Pfeffer, Chilipulver und Kümmel würzen.

Mit Rotwein und Brühe ablöschen.

Tomaten, Tortellini und Bohnen dazugeben und 5 Minuten köcheln lassen.

Cream fraiche dazugeben und servieren.

Wichtig: Dieses Gericht ist wegen der Creme fraiche und den Tortellini nicht einkochbar.

Kartoffelsuppe mit Wiener

Zutaten

700g   Kartoffeln

150g   Suppengemüse TK oder frisch

1   Zwiebel

1,5l   Gemüsebrühe

1   Bund Suppengrün

200ml Sahne

6   Wiener Würstchen

1 EL   Majoran, Frische Petersilie, Salz, Pfeffer

Zubereitung

Kartoffeln und Zwiebel schälen und in Würfel schneiden.

Suppengrün waschen und in mundgerechte Stücke schneiden

Zwiebel in einem Topf mit Öl goldgelb anbraten.

Kartoffeln, Gemüse und Brühe dazugeben und mit Deckel köcheln lassen.

Wiener Würstchen klein schneiden.

Suppe pürieren bis zur gewünschten Konsistenz.

Wiener, Sahne, Salz, Pfeffer und Majoran dazugeben und 5 Minuten ziehen lassen.

Wichtig: Dieses Gericht ist nicht einkochbar wegen der Sahne.

Wenn man die Sahne weglässt, kann man die Suppe einkochen.

Einkochzeit: 120 Minuten 100 Grad

Braune Soße ohne Knochen

Zutaten

1	Esslöffel Tomatenmark
300ml	Rotwein
250ml	Rinderbrühe (selbst gemacht)
1	Knoblauchzehe
1 TL	Senf
6	cl Cognac

10 Wacholderbeeren, 10 Pfefferkörner, 5 Piment, 3 Lorbeerblätter, 1 Esslöffel Puderzucker, etwas Butter, etwas Speisestärke

Zubereitung

Puderzucker karamellisieren, Tomatenmark dazugeben und mit Cognac ablöschen.

Rotwein dazugeben und einreduzieren lassen.

Brühe, Wacholderbeeren, Pfeffer, Piment, Lorbeerblätter, Knoblauch und Senf dazugeben.

10 Minuten köcheln lassen und dann durch ein feines Sieb lassen.

Soße mit Stärke binden und mit etwas Butter pürieren, mit Salz und Pfeffer abschmecken.

Wichtig: Die Soße ist nicht einkochbar wegen der Butter und der Stärke.

Rahmsoße Grundrezept

Zutaten

1	Esslöffel Butter
1	Esslöffel Tomatenmark
150ml	Sahne
150ml	Milch
400ml	Gemüsebrühe
	etwas Mehl
	Salz und Pfeffer

Zubereitung

Butter in einer Pfanne erhitzen und das Tomatenmark anbraten unter ständigem Rühren.

Sahne, Milch, Gemüsebrühe dazugeben unter ständigem Rühren.

In einer Schüssel etwas Wasser mit einem Löffel Mehl verrühren.

Alles zusammen mischen und mit Salz und Pfeffer abschmecken.

Ist die Soße zu dünn, einfach etwas Mehl dazugeben, ist sie zu dick, einfach etwas Wasser dazugeben.

Wichtig: Die Soße ist nicht einkochbar wegen dem Mehl.

Currywurstsoße

Zutaten

1	Gemüsezwiebel
2	Esslöffel Tomatenmark
2	Esslöffel brauner Zucker
2	Esslöffel Currypulver
1	Teelöffel Paprikapulver, edelsüß
1	Teelöffel Chilipulver
1	Prise Zimt
1	Esslöffel Apfelessig
50ml	Ananassaft
500g	Dosentomaten
1	Teelöffel weißer Pfeffer, Salz, Öl

Zubereitung

Zwiebeln und Knoblauch schälen, klein schneiden und in Öl anbraten.

Tomatenmark, Zucker und Gewürze dazugeben und mit anbraten.

Mit Essig und Ananassaft ablöschen.

Tomaten dazugeben und 15 Minuten köcheln lassen.

Pürieren und die Soße etwas andicken lassen.

Die Soße ist einkochbar. Bitte mindestens 3cm Luft zum Deckel lassen und die Einkochzeit beginnt, wenn das Wasser kocht.

Einkochzeit: 120 Minuten bei 100 Grad

Currywurstsoße Sansibar

Zutaten

1	große Zwiebel
1	Esslöffel Butter
1	Esslöffel brauner Zucker
2	Esslöffel Currypulver
400g	stückige Tomaten
200ml	Tomatenketchup
50ml	Rinderbrühe
3	Esslöffel Obstessig
2	kleine Gewürzgurken
1	Teelöffel Sambal Oelek, Salz

Zubereitung

Zwiebel schälen, in feine Würfel schneiden und glasig anbraten.

Zucker dazugeben, karamellisieren lassen und dann Currypulver drüber streuen.

Rinderbrühe und Tomaten dazugeben und 15 Minuten köcheln lassen.

Gurke schneiden und mit dem Ketchup in die Soße geben.

Mit Essig, Sambal Oelek, Salz abschmecken.

Die Soße ist einkochbar. Bitte mindestens 3cm Luft zum Deckel lassen und die Einkochzeit beginnt, wenn das Wasser kocht.

Einkochzeit: 120 Minuten bei 100 Grad

Kartoffelsalat

Zutaten

2kg	Kartoffeln festkochend
2	Teelöffel Senf
3	Teelöffel Zucker
100ml	Gurkenflüssigkeit + 4 Gurken
50ml	Essig
100ml	Öl
4	Zwiebeln durchgegart
1	Knoblauchzehe durchgegart
	Salz, Pfeffer, Kümmel, Schnittlauch

Zubereitung

Kartoffeln schälen, in Scheiben schneiden und kochen.

Zwiebeln, Knoblauch schälen und anbraten.

Gurken und Schnittlauch schneiden.

Essig, Öl und Gewürze vermengen, über die Kartoffeln geben und 2 Stunden durchziehen lassen.

Um den Salat sicher einzukochen, würde ich das Öl erst später dazugeben. Bitte mindestens 3cm Luft zum Deckel lassen und die Einkochzeit beginnt, wenn das Wasser kocht.

Einkochzeit: 120 Minuten 100 Grad

Nudelsalat

Zutaten

500g	Nudeln
1	Eisbergsalat
1	Bund Frühlingszwiebeln
1	Tüte Cashew-Kerne
6	Esslöffel Sojasoße
0,5	Tasse Zucker
0,5	Tasse Essig
0,5	Tasse Öl

Zubereitung

Nudeln in Salzwasser bissfest kochen und abkühlen lassen.

Zwiebeln und Salat in dünne Ringe und Streifen schneiden.

Sojasoße, Essig und Zucker kurz aufkochen, abkühlen lassen und dann das Öl dazugeben.

Alles in eine Schüssel geben und gut vermischen.

Wichtig: Der Salat ist nicht einkochbar wegen Nüssen, Nudeln und Salat.

Bohnensalat

Zutaten

150g	Rote Bohnen
150g	Weiße Bohnen
300g	Mais
200g	Schafskäse
1	Bund Petersilie
2	Knoblauchzehen
10	Schalotten

Weißweinessig, Sonnenblumenöl, Saft von einer Zitrone, Salz, Prise Zucker

Zubereitung

Bohnen über Nacht in Wasser einweichen.

Bohnen für 60 Minuten kochen.

Nach dem Kochen die Bohnen abkühlen lassen.

Schalotten schälen und vierteln, Schafskäse in kleine Würfel schneiden und die Petersilie waschen, trocken schütteln und klein schneiden.

Schalotten kurz etwas anbraten bei kleiner Hitze und abkühlen lassen.

Bohnen, Schalotten, Schafskäse, Mais und Petersilie in einer Schüssel und verrühren.

Knoblauch schälen und durch eine Presse drücken.

Salz, Öl, Essig, Knoblauch, Zitronensaft und Zucker in einer Schüssel verrühren.

Die Marinade 1 Stunde ziehen lassen und dann über den Salat geben.

Wichtig: Dieses schnelle und einfache Gericht ist nicht einkochbar wegen dem Schafskäse.

Wenn man den Schafskäse weglässt kann man ihn einkochen. Bitte mindestens 3cm Luft zum Deckel lassen und die Einkochzeit beginnt, wenn das Wasser kocht.

Einkochzeit: 120 Minuten 100 Grad

Schwäbischer Wurstsalat

Zutaten

2	Zwiebeln, groß
400g	Fleischwurst
400g	Schwarzwurst, ersatzweise Blutwurst
6	Essiggurken
75ml	Bier oder Apfelessig

Zutaten für die Salatmarinade

50ml	Gurkenwasser
1	Esslöffel Senf, mittelscharf
80ml	Öl
1,5	Esslöffel Zucker
1	Prise Salz
1	Prise Pfeffer, gemahlen

Zubereitung

Zwiebel schälen und in dünne Ringe schneiden.

Wurst in Streifen schneiden und die Gurken in Scheiben schneiden.

Essig, Gurkenwasser und Gewürze in eine Schüssel geben und verrühren.

Wurst, Zwiebeln, Gurken in die Schüssel geben, verrühren und für 1 Stunde ziehen lassen.

Öl dazugeben, nochmal verrühren und für 2 Stunden ziehen lassen.

Das Gericht ist einkochbar, wenn ihr die Zwiebeln vorher gut durchgart. Bitte mindestens 3cm Luft zum Deckel lassen und die Einkochzeit beginnt, wenn das Wasser kocht.

Einkochzeit: 120 Minuten 100 Grad.

Schwäbischer Rostbraten mit Spätzle

Zutaten

| 4 | Scheiben Rostbraten |
| 4 | Zwiebeln |

200ml Schlagsahne

200ml Rinderbrühe

1   Schuss Rotwein

       Salz, Pfeffer, Öl

500g Spätzle (s.Spätzle-Rezept)

Zubereitung

Spätzle in Salzwasser kochen.

Zwiebeln schälen, in Ringe schneiden und in Öl knusprig anbraten.

Fleisch scharf anbraten und mit Salz, Pfeffer würzen.

Rinderbrühe aufkochen und mit Sahne, Rotwein ablöschen, nochmal mit Salz und Pfeffer abschmecken.

Wichtig: Dieses Gericht ist nicht einkochbar wegen der Sahne und der Spätzle.

Der Rostbraten und die Zwiebeln gut durchgegart wären einkochbar. Bitte mindestens 3cm Luft zum Deckel lassen und die Einkochzeit beginnt, wenn das Wasser kocht.

Einkochzeit: 120 Minuten 100 Grad

Spätzle mit Jägersoße

Zutaten

500g	Spätzle (s. Spätzle-Rezept)
300g	Champignons
1	Zwiebel
500ml	Rinderbrühe (selbst gemacht)
3	Esslöffel Tomatenmark
50g	Butter
200ml	Sahne
1-2	Esslöffel Sojasoße
½	Teelöffel Salz und Pfeffer, etwas Petersilie

Zubereitung

Spätzle in Salzwasser kochen.

Pilze putzen, in Scheiben schneiden, die Zwiebel schälen und feine Würfel schneiden.

Pilze in Butter anbraten bis zur gewünschten Farbe und dann die Zwiebel dazugeben.

Tomatenmark dazugeben, kurz anbraten und mit Brühe und Sahne ablöschen.

Mit Salz, Pfeffer, Sojasoße abschmecken und ca. 10 Minuten köcheln lassen bis die Soße schön cremig ist und am Schluss die Petersilie dazugeben.

Wichtig: Dieses Gericht ist nicht einkochbar

Linsen-Eintopf

Zutaten

200g	Tellerlinsen
2	Lorbeerblätter
5	Wacholderbeeren
1	Liter Brühe
50g	Mehl
30g	Butter
1	Zwiebel
2	Teelöffel Tomatenmark
	etwas Essig
4	Wiener Würstchen

Zubereitung

Linsen, Wacholderbeeren und Lorbeerblätter 1 Stunde kochen mit Deckel. Vielleicht etwas Wasser nachfüllen.

Linsen abgießen und Flüssigkeit auffangen.

Mehl und Butter zusammen erhitzen.

Zwiebel schälen, in feine Würfel schneiden und in Butter glasig anbraten.

Tomatenmark dazugeben und kurz mit anbraten.

Linsenflüssigkeit und Essig dazugeben und die Brühe 15 Minuten köcheln lassen.

Linsen und Wiener dazugeben und nochmal 10 Minuten köcheln lassen.

Wichtig: Dieses einfache und schnelle Gericht kann man nicht einkochen wegen dem Mehl.

Wenn man das Mehl weglässt Kann man das Gericht einkochen. Bitte mindestens 3cm Luft zum Deckel lassen und die Einkochzeit beginnt wenn das Wasser kocht. Nach dem aufwecken Soße andicken.

Einkochzeit: 120 Minuten bei 100 Grad

Maultaschen Italienisch

Zutaten

2	Packungen Maultaschen
2	Knoblauchzehen
250g	Kirschtomaten
1	Dose gehackte Tomaten
200ml	Sahne
200g	Mozzarella
	Salz, Pfeffer, 2 Esslöffel italienische Kräuter

Zubereitung

Backofen auf 200 Grad Ober/Unterhitze vorheizen

Maultaschen in Streifen schneiden und in eine Auflaufform geben.

Knoblauch schälen und in eine Schüssel pressen, Sahne und gehackte Tomaten dazugeben, mit Salz, Pfeffer und Kräuter würzen.

Kirschtomaten waschen, halbieren und über den Maultaschen verteilen.

Mozzarella in Scheiben schneiden und über den Tomaten und Maultaschen verteilen.

Soße über den Maultaschen verteilen und für 20 Minuten backen.

Wichtig: Dieses einfache und schnelle Gericht kann man nicht einkochen wegen der Sahne, Maultaschen und Käse.

Kürbis Hackfleischpfanne

Zutaten

1	Hokkaidokürbis
1	Zwiebel
2	Knoblauchzehen
500g	Hackfleisch
1	Esslöffel Tomatenmark
400ml	Tomatensauce
200ml	Wasser
200g	Feta

Salz, Pfeffer, Öl

Zubereitung

Kürbis waschen, entkernen und in mundgerechte Würfel schneiden.

Zwiebel und Knoblauch schälen und in feine Würfel schneiden.

Hackfleisch in Öl anbraten, bis es Farbe bekommen hat, dann Zwiebeln und Kürbis für 5 Minuten mit anbraten.

Tomatenmark mit anbraten und dann den Knoblauch kurz mit anbraten.

Tomatensoße und Wasser dazugeben, mit Salz und Pfeffer abschmecken und Feta hineinbröseln und 10 Minuten köcheln lassen.

Wichtig: Dieses einfache und schnelle Gericht kann man nicht einkochen wegen dem Feta.

Wenn man den Feta weglässt, kann man es einkochen. Bitte mindestens 3cm Luft zum Deckel lassen und die Einkochzeit beginnt, wenn das Wasser kocht.

Einkochzeit: 120 Minuten bei 100 Grad

Maultaschenpfanne mit Gemüse

Zutaten

1	Päckchen Maultaschen
1	Zwiebel
1	Knoblauchzehe
1	Karotte
1	Brokkoli
1	gelbe Paprikaschote
200g	kleine Tomaten
200ml	Gemüsebrühe (selbst gemacht)
100ml	Sahne

Salz, Olivenöl, Pfeffer, Paprikapulver, frische Petersilie

Zubereitung

Maultaschen und Paprika in Streifen schneiden, Brokkoli in Röschen, Karotte in Scheiben, Zwiebel und Knoblauch in feine Würfel schneiden und Tomaten halbieren.

Maultaschen in Öl knusprig braten und dann rausnehmen.

Alles an Gemüse für 5 Minuten in Öl anbraten und dann die Maultaschen wieder dazugeben.

Gemüsebrühe und Sahne dazugeben und mit Salz, Pfeffer Paprika abschmecken und die Petersilie dazugeben und 10 Minuten köcheln lassen.

Wichtig: Dieses einfache und schnelle Gericht kann man nicht einkochen wegen der Sahne und der Maultaschen.

Pfundstopf

Zutaten

500g	Gulasch vom Schwein
500g	Gulasch vom Rind
500g	Paprika rot
500g	Paprika Gelb
500g	Paprika Grün
500g	Speckwürfel
500g	Hackfleisch gemischt
500g	Zwiebeln
2	Dosen gehackte Tomaten
200ml	Sahne
150ml	Brühe (selbst gemacht)
250ml	Schaschlik Soße
	Salz, Pfeffer, Paprikapulver

Zubereitung

Backofen auf 200 Grad Ober/Unterhitze vorheizen.

Zwiebeln schälen und würfeln, Paprika waschen, entkernen und einen Teil in Würfel, einen Teil in Streifen schneiden.

Hackfleisch mit Salz und Pfeffer würzen und kleine Bällchen formen.

Alle Zutaten in einen großen Bräter geben und nochmal mit Salz, Pfeffer, Paprikapulver würzen und 2 Stunden mit Deckel schmoren.

Und jetzt nochmal 30 Minuten ohne Deckel.

Wichtig: Dieses einfache und schnelle Gericht kann man nicht einkochen wegen der Sahne und der Schaschlik Soße.

Spätzlepfanne

Zutaten

2	rote Zwiebeln
200g	Kochschinken
2	Esslöffel Butter
500g	Spätzle
150ml	Sahne
60g	geriebener Käse
	Petersilie, Salz, Pfeffer, Muskat

Zubereitung

Spätzle in Salzwasser kochen.

Zwiebeln schälen und in Würfel schneiden.

Schinken in dünne Streifen schneiden.

Zwiebeln und Schinken in Butter anbraten und Spätzle dazugeben und kurz mit anbraten.

Sahne, Käse und Gewürze dazugeben und 5 Minuten köcheln lassen.

Wichtig: Dieses einfache und schnelle Gericht kann man nicht einkochen wegen der Sahne und Spätzle.

Gulasch

Zutaten

2,5kg   Rindergulasch

2,5kg   Zwiebeln

1   Tube Tomatenmark

4   Esslöffel Paprika Rosenscharf

4   Esslöffel Paprika Edelsüß

1   Esslöffel Koriander gemahlen

5   Lorbeerblätter

1   Esslöffel Kümmel

      Salz, Pfeffer, Chili Pulver

2   Liter Rinderbrühe (selbstgemacht)

Zubereitung

Zwiebeln schälen und grob in Würfel schneiden, goldgelb anbraten. Dann mit etwas Brühe abgießen und mit einem Pürierstab pürieren, es dürfen ruhig noch kleine Zwiebelstücke vorhanden sein.

Fleisch in einem extra Topf scharf anbraten mit dem Tomatenmark und kurz bevor man die Brühe über das Fleisch gießt, Paprikapulver und Koriander dazugeben.

Lorbeerblätter und Brühe über das Fleisch gießen und bei kleiner Flamme 2 Stunden köcheln lassen.

Salz, Pfeffer, Kümmel und Chili nach Geschmack dazugeben und nochmal 2 Stunden köcheln lassen, fertig.

Dieses Gericht ist einkochbar. Bitte mindestens 3cm Luft zum Deckel lassen und die Einkochzeit beginnt, wenn das Wasser kocht.

Einkochzeit: 120 Minuten bei 100 Grad.

Bauerntopf

Zutaten

1	Esslöffel Öl
1500g	Hackfleisch
1000g	Kartoffel(n)
500g	Paprikaschote(n), bunt
6	Karotten
4	Zwiebeln
1200g	Tomaten, gehackt aus der Dose
800ml	Gemüsebrühe (selbstgemacht)
4	Esslöffel Tomatenmark
	Zucker
	Salz
	Paprikapulver, rosenscharf

Zubereitung

Kartoffeln, Zwiebel und Karotten schälen und in kleine Stücke schneiden, Paprika waschen und in kleine Stücke schneiden.

Hackfleisch und Zwiebel in Öl anbraten, dann Kartoffeln und Tomatenmark dazugeben und alles nochmal scharf anbraten.

Tomaten, Brühe, Salz, Zucker, Paprika und Karotten dazugeben und für 60 Minuten mit Deckel köcheln lassen.

Das Gericht ist einkochbar. Bitte mindestens 3cm Luft zum Deckel lassen und die Einkochzeit beginnt, wenn das Wasser kocht.

Einkochzeit: 120 Minuten bei 100 Grad

Tortellini Schinken Sahnesoße

Zutaten

500g   Tortellini

200g   Schinken

400ml Sahne

      Salz, Pfeffer weiß, Muskat, etwas Öl

Zubereitung

Tortellini im Topf mit Salzwasser nach Packungsangabe kochen.

Schinken in dünne Streifen schneiden und in Sonnenblumen Öl knusprig anbraten.

Tortellini mit Schinken und Sahne vermischen.

Salz, Pfeffer, Muskat nach Geschmack dazugeben und 5 Minuten köcheln lassen.

Wichtig: Dieses einfache und schnelle Gericht kann man nicht einkochen wegen der Sahne und Tortellini.

Rouladen

Zutaten

10 Rinder Rouladen

20 Streifen Speck

 6 Zwiebeln

 4 Karotten

¼ Knollensellerie

10 Essig Gurken + etwas Saft

1,5 Liter Rinderbrühe (selbstgemacht)

 1 Flasche Rotwein trocken

    Senf, Salz, Pfeffer, Koriander gemahlen etwas Öl zum Braten, Zahnstocher

Zubereitung

Karotten, Zwiebeln (Zwiebeln leicht anbraten) und Sellerie schälen und in kleine Würfel schneiden, Gurken ebenfalls in kleine Würfel schneiden.

Rouladen ausrollen und mit Senf einstreichen, mit Salz und Pfeffer würzen, dann 2 Speckstreifen pro Roulade und mit Zwiebel, Gurke, Karotten befüllen und zusammenrollen.

Mit je einem Zahnstocher an der Seite und einen Zahnstocher in der Mitte verschließen.

Rouladen scharf anbraten und auf einen Teller legen, dann das restliche Gemüse braun anbraten und mit Rotwein und Brühe ablöschen, jetzt die Gurken + etwas Saft und 4 Esslöffel Senf, 1 Esslöffel Koriander, Salz, Pfeffer nach Geschmack dazugeben. Rouladen vorsichtig in den Topf geben und für 2 Stunden mit Deckel köcheln lassen.

Das Gericht ist einkochbar. Bitte mindestens 3cm Luft zum Deckel lassen und die Einkochzeit beginnt, wenn das Wasser kocht. **Zahnstocher vorher entfernen.** Nach dem aufwecken Soße andicken.

Einkochzeit: 120 Minuten bei 100 Grad

Karotten Hähnchen Pfanne

Zutaten

200g	Hähnchenbrustfilet
5	große Karotten
250g	Nudeln nach Wahl
200g	Creme Fraiche Kräuter
2	Zwiebeln
	Salz, Pfeffer, etwas Öl zum Braten

Zubereitung

Nudeln in Salzwasser nach Packungsangabe kochen.

Hähnchenbrust in mundgerechte Stücke schneiden, die Karotten und Zwiebeln schälen, einen Teil in kleine Würfel schneiden und den anderen Teil in dünne Streifen schneiden.

Fleisch, Zwiebel und Karotte zusammen in Öl anbraten, mit Salz und Pfeffer würzen.

Nudeln und Creme Fraiche dazu geben und verrühren. Fertig.

Wichtig: Dieses schnelle und einfache Gericht ist nicht einkochbar wegen der Creme Fraiche und Nudeln.

Chili con Carne

Zutaten

500g	Rinderhack
3	Dosen Kidneybohnen
2	Zwiebeln
4	Knoblauchzehen
500ml	passierte Tomaten
1	Dose Mais
	Salz, Cayenne Pfeffer, Paprika edelsüß, Chili, Zucker, Öl

Zubereitung

Zwiebeln, Knoblauch schälen und in kleine Würfel schneiden.

Hackfleisch und Zwiebeln zusammen anbraten, bis es eine schöne Farbe hat.

Dann den Knoblauch 2 Minuten mit anbraten.

Bohnen, Mais, passierte Tomaten dazugeben und würzen nach Geschmack.

Auf kleiner Stufe für 1 Stunde köcheln lassen mit Deckel, gelegentlich umrühren und gegebenenfalls nochmal etwas nachwürzen.

Das Gericht ist einkochbar. Bitte mindestens 3cm Luft zum Deckel lassen und die Einkochzeit beginnt, wenn das Wasser kocht.

Einkochzeit: 120 Minuten bei 100 Grad

Spaghetti Carbonara

Zutaten

250g   Spaghetti

125g   Schinken

2   Eier

50g   Parmesan

100ml   Sahne

        Salz, Pfeffer schwarz, Muskat, Petersilie, Olivenöl

Zubereitung

Sahne, Eier, Parmesan und Gewürze in eine Schüssel geben und mit einem Schneebesen verrühren.

Nudeln in Salzwasser nach Packungsangabe kochen und nebenher den Schinken in dünne Streifen schneiden.

Wenn die Nudeln fertig sind, den Schinken in einer Pfanne leicht anbraten.

Nudeln dazugeben und verrühren, dann die Eier Sahne Mischung drüber geben und alles schön vermischen. Den Herd kann man ausmachen und mit der Restwärme arbeiten.

Wichtig: Dieses schnelle und einfache Gericht ist nicht einkochbar wegen allen Zutaten.

Fleischbällchen

Zutaten

500g   Hackfleisch gemischt

1   Zwiebel

2   Esslöffel Semmelbrösel

1   Ei

Salz, Pfeffer, Paprika Rosenscharf, Öl zum Braten

Zubereitung

Zwiebel schälen und in kleine Würfel schneiden.

Hackfleisch, Ei, Semmelbrösel in eine Schüssel geben und durchkneten.

Salz, Pfeffer, Paprika dazugeben und nochmal ordentlich durchkneten.

Hackfleisch zu gleichgroßen Bällchen formen und langsam anbraten.

Wichtig: Dieses schnelle und einfache Gericht ist nicht einkochbar wegen dem Ei und den Semmelbröseln.

Wenn man das Ei und die Semmelbrösel weglässt, kann man es einkochen.

Einkochzeit: 120 Minuten bei 100 Grad. Die Einkochzeit beginnt, wenn das Wasser kocht.

Putengeschnetzeltes

Zutaten

2	Zwiebeln
500g	Putengeschnetzeltes
1	Dose Pilze
100ml	Weißwein Trocken
200ml	Sahne
2	Knoblauchzehen
400ml	Wasser

Salz, Pfeffer schwarz, Paprika Rosenscharf, Thymian, Schnittlauch, Öl

Zubereitung

Zwiebeln und Knoblauch schälen und in feine Würfel schneiden.

Fleisch und Zwiebeln in einer Pfanne anbraten.

Knoblauch, Thymian, Schnittlauch und Gewürze kurz mit anbraten und dann Pilze mit Flüssigkeit, Wein und Wasser dazugeben.

Nach 15 Minuten köcheln mit Deckel die Sahne dazugeben und nochmal 10 Minuten köcheln lassen.

Wichtig: Das Gericht ist nicht einkochbar wegen der Sahne.

Wenn ihr die Sahne weglasst und erst beim aufwecken dazugebt, könnt ihr das Gericht einkochen.

Bitte mindestens 3cm Luft zum Deckel lassen und die Einkochzeit beginnt, wenn das Wasser kocht.

Einkochzeit: 120 Minuten bei 100 Grad

Putengeschnetzeltes mit Paprika

Zutaten

500g	Paprika Mix
500g	Putengeschnetzeltes
4	Knoblauchzehen
2	Zwiebeln
600ml	Gemüsebrühe (selbstgemacht)
100g	Schmand

Paprika Pulver, Koriander, Salz, Pfeffer, Öl, etwas frische Petersilie

Zubereitung

Zwiebeln und Knoblauch schälen und in dünne Streifen schneiden.

Petersilie waschen, trocknen und klein hacken.

Paprika waschen, vierteln, säubern und in dünne Streifen schneiden.

Fleisch und Zwiebeln in etwas Öl anbraten.

Knoblauch und Gewürze über das Fleisch geben und kurz anbraten.

Mit Brühe ablöschen, Petersilie dazugeben und für 10 Minuten köcheln lassen mit Deckel.

Schmand dazugeben und nochmal gut verrühren.

Wichtig: Das Gericht ist nicht einkochbar wegen dem Schmand.

Wenn ihr den Schmand weglasst und erst beim aufwecken dazugebt, könnt ihr das Gericht einkochen.

Bitte mindestens 3cm Luft zum Deckel lassen und die Einkochzeit beginnt, wenn das Wasser kocht.

Einkochzeit: 120 Minuten bei 100 Grad

Panna Cotta

Zutaten

2	Blatt Gelatine
300ml	Creme Double
35g	Zucker
1	Esslöffel Grand Marnier

Soße

50ml	Milch
50g	Zartbitter Kuvertüre

Zubereitung

Gelatine 5 Minuten einweichen in kaltem Wasser und Portionsförmchen bereitstellen.

Creme Double aufkochen und unter ständigem Rühren den Zucker langsam dazugeben.

Grand Manier unterheben und vom Herd nehmen.

Gelatine ausdrücken, in die heiße Sahne dazugeben und so lange verrühren bis sie aufgelöst ist.

Die Sahne durch ein feines Sieb in die Förmchen und abkühlen lassen.

Dann im Kühlschrank für etwa 2,5 Stunden abkühlen lassen.

Die Creme mit einem Messer vom Rand lösen und auf einen Teller stürzen.

Kuvertüre zerhacken, in der Milch auflösen und dann über die Creme gießen.

Vanillepudding

Zutaten

500ml Milch

1 Vanilleschote

60g Zucker

2 Eier

40g Speisestärke

Zubereitung

Vanilleschote aufschneiden und das Mark rausholen.

5 Esslöffel Milch in ein Glas geben für die Stärke.

Restliche Milch, Zucker, Vanilleschote, Mark in einem Topf erhitzen und die Schote wieder rausholen.

Eier trennen und das Eigelb mit der Milch und der Stärke verrühren.

Milch, Stärke, Eier in den Topf geben, nochmal kurz aufkochen und dann auf Schüsseln verteilen.

Schokopudding

Zutaten

100g	Zartbitterschokolade
1	Liter Milch
40g	Zucker
70g	Speisestärke
20g	Kakaopulver

Zubereitung

Schokolade klein hacken mit einem Messer oder einer Reibe reiben.

Schokolade im Top mit Milch zum schmelzen bringen.

Wenn die Schokolade sich komplett aufgelöst hat, alle anderen Zutaten dazugeben und aufkochen lassen.

Nach dem Aufkochen in kleine Schüsseln verteilen und abkühlen lassen.

Kaiserschmarrn

Zutaten

200g	Weizenmehl Type 405
30g	Zucker
1	Prise Salz
4	Eier
300ml	Milch
2	Esslöffel Butter
30g	Rosinen
	Puderzucker zum Bestreuen, Apfelmus

Zubereitung

Eier trennen und dann Eigelb, Milch, Zucker und Mehl verrühren.

Eiweiß steif schlagen und unterheben.

Butter in einer großen Pfanne erhitzen und den Teig dazugeben.

Vorsichtig wenden, nach ein paar Minuten den Teig zerrupfen und die Rosinen dazugeben.

Wenn er noch heiß ist, mit Puderzucker bestreuen und mit Apfelmus servieren.

Bananensplit im Glas

Zutaten

150g	Joghurt
100g	Quark
3	Esslöffel Zucker
1	Päckchen Vanillezucker
1	Esslöffel Vanillepaste
200g	Sahne
2	Bananen
150g	Schoko-Crossies
	Schokosoße

Zubereitung

Quark, Joghurt, Zucker und Vanillepaste zu einer homogenen Masse verrühren.

Bananen in dünne Scheiben schneiden.

Sahne steif schlagen und unter die Masse heben.

Schoko-Crossies zerkleinern.

In Gläser abwechselnd Schoko-Crossies, Banane, Quark und Schokosoße schichten.

Am besten kalt servieren.

Schicht Traube

Zutaten

300g	Schokokekse
600g	Trauben
200g	Schlagsahne
250g	Quark
250g	Mascarpone
70g	Zucker
2	Päckchen Vanillezucker

Zubereitung

Kekse zerbröseln.

Trauben waschen und abtrocknen.

Sahne steif schlagen.

Mascarpone, Zucker, Quark und Vanillezucker verrühren.

Sahne vorsichtig unterheben.

Jetzt schichten wir Trauben, Creme, Kekse in Gläser.

Im Kühlschrank für 2 Stunden kühlen.

Himbeere Mascarpone

Zutaten

250g	Mascarpone
250g	Naturjoghurt
200ml	Schlagsahne
250g	Mascarpone
1	Päckchen Vanillezucker
1	Zitrone)Saft und Abrieb)
400g	Himbeeren
200g	Zucker
2	Esslöffel Kakao
	Himbeeren und Minzblätter für die Deko

Zubereitung

Zitrone auspressen und Schale abreiben.

Zitronensaft, Mascarpone, Joghurt, Sahne, Zucker in eine Schüssel geben und gut verrühren.

Gläser abwechseln mit Himbeeren und Creme befüllen.

Als Deko 2 Minzblätter und ein paar Himbeeren oben drauf.

Den Nachtisch kann man bedenkenlos 2 Tage im Kühlschrank aufbewahren.

Wer will, kann auch etwas Kakao vor dem Anrichten drüber streuen.

Schwäbische Muffins

Zutaten

60g   Butter

240g   Mehl Type 405

4   Eier

400ml   Milch

50g   Zucker

1   Päckchen Vanillezucker

1   Prise Salz

         Etwas Puderzucker, Vanillesoße

Zubereitung

Muffinblech mit Butter einreiben und mit Mehl melieren.

Backofen auf 180 Grad Ober/Unter Hitze vorheizen.

Mehl, Zucker, Milch, Vanillezucker, Salz in einer Schüssel zu einem glatten Teig verrühren.

Muffinblech befüllen und für 40-45 Minuten backen.

Mit Puderzucker bestreuen und warm genießen.

Wer will, kann auch eine Vanillesoße dazugeben.

Mixed Pickles

Zutaten

250g	Blumenkohl
200g	Karotten
1	Paprika rot
1	Paprika gelb
250g	Zucchini
1	Zwiebel
500ml	Wasser
500ml	Weißweinessig
150g	Zucker
1	Teelöffel schwarzer Pfefferkörner
2	Teelöffel Senfkörner
3	Lorbeerblätter
2	Esslöffel Salz

Zubereitung

Zwiebel schälen und in Streifen schneiden, Blumenkohl in Röschen, Paprika in Würfel, Zucchini und Karotten in dünne Scheiben schneiden.

Wasser, Zucker, Essig, Salz und Gewürze in einen Topf geben und aufkochen lassen.

Gemüse auf Gläser verteilen und den heißen Sud darüber gießen.

Das ganze Gemüse sollte bedeckt sein mit Flüssigkeit.

Bitte mindestens 3cm Luft zum Deckel lassen und die Einkochzeit beginnt, wenn das Wasser kocht.

Einkochzeit: 30 Minuten 100 Grad

Kürbis süß sauer

Zutaten

2kg Kürbis

200ml Essigessenz

2l Wasser

1kg Zucker

4 Nelken

2 Teelöffel Salz etwas Zimt

Zubereitung

Kürbis schälen und in mundgerechte Stücke schneiden.

Essigessenz, Wasser, Zucker, Nelken, Zimt, Salz in einen Topf geben und aufkochen lassen.

Kürbis dazugeben und mitkochen lassen, bis er durch ist.

Kürbis in Gläser füllen und mit dem Sud übergießen.

Bitte mindestens 3cm Luft zum Deckel lassen und die Einkochzeit beginnt, wenn das Wasser kocht.

Einkochzeit: 30 Minuten 100 Grad.

Zucchini Paprika

Zutaten			**Gewürze je Glas**	
2,5kg	Zucchini		0,5	Teelöffel Senfkörner
7	Paprika Rot		10	Pfefferkörner
8	Zwiebeln		1	Knoblauchzehe
300ml	Essigessenz		1	Dillstängel
300g	Zucker		1	kleines Lorbeerblatt
80g	Salz			
2,5l	Wasser			

Zubereitung

Zucchini in 1,5 cm dicke Scheiben schneiden, halbieren und die Kerne entfernen.

Paprika in mundgerechte Stücke schneiden

Zwiebel schälen, halbieren, in Streifen schneiden und mit Paprika und Zucchini vermischen.

Wasser, Salz, Zucker und Essig in einen Topf geben und aufkochen.

Gewürze auf Gläser verteilen.

Zucchini, Paprika, Zwiebel Mischung kurz mit aufkochen und auf die Gläser verteilen.

Den Sud auf die Gläser verteilen, sodass alles bedeckt ist.

Bitte mindestens 3cm Luft zum Deckel lassen und die Einkochzeit beginnt, wenn das Wasser kocht.

Einkochzeit: 30 Minuten 100 Grad.

Gurken

Zutaten

1kg	Einlegegurken
4	Schalotten
4	Lorbeerblätter
700ml	Weißweinessig
700ml	Wasser
250g	Zucker
2	Teelöffel Salz
1	Teelöffel Pfefferkörner
1	Esslöffel Senfkörner
1	Teelöffel Wacholderbeeren

Zubereitung

Gurken waschen, Schalotten schälen, halbieren und in Streifen schneiden.

Essig, Wasser, Zucker und Gewürze aufkochen.

Gurken in Gläser schichten. (Dürfen ruhig eng anliegen)

Gurken komplett mit dem Sud übergießen und verschließen.

Bitte mindestens 3cm Luft zum Deckel lassen und die Einkochzeit beginnt, wenn das Wasser kocht.

Einkochzeit: 30 Minuten 100 Grad.

Bohnen

Zutaten

500g	Bohnen
2L	Wasser
500ml	Essig
225g	Zucker
4	Esslöffel Salz
1	Esslöffel Senfkörner
1	Esslöffel Pigmentkörner
2	Lorbeerblätter
1	Zwiebel

Zubereitung

Bohnen waschen, Stiel und Spitze abschneiden und wer will, kann die Bohnen in mundgerechte Stücke schneiden.

Wasser, Essig, Zucker und Gewürze aufkochen für 10 Minuten.

Zwiebel schälen, in Ringe schneiden und mit den Bohnen in einem anderen Topf 10 Minuten in Salzwasser kochen und dann mit kalten Wasser abschrecken.

Das abgeschreckte Gemüse in den Sud geben und nochmal 5 Minuten köcheln lassen.

In Gläser füllen und schauen, das alles mit dem Sud bedeckt ist.

Bitte mindestens 3cm Luft zum Deckel lassen und die Einkochzeit beginnt, wenn das Wasser kocht.

Einkochzeit: 120 Minuten 100 Grad.

Rote Beete

Zutaten

1kg	Rote Beete
2,5	Liter Wasser
1	Liter Essig
200g	Zucker
220g	Ingwer
1	Stange Zimt
3	Esslöffel Salz
5	Gewürznelken
10	Pfefferkörner
1	Lorbeerblatt
1	Stange Zimt

Zubereitung

Rote Beete schälen, in mundgerechte Stücke schneiden und 20 Minuten kochen.

Dann die Rote Beete in 2 Liter Wasser mit 2 EL Salz köcheln lassen.

Abgießen und in vorbereitete Gläser füllen.

Essig, 0,5 Liter Wasser, Zucker und Gewürze 15 Minuten köcheln lassen.

Durch ein feines Sieb lassen und den Sud über die Rote Beete gießen.

Bitte mindestens 3cm Luft zum Deckel lassen und die Einkochzeit beginnt, wenn das Wasser kocht.

Einkochzeit: 30 Minuten 100 Grad.

Schlusswort

Ich hoffe ihr werdet genauso viel Spaß haben beim nachkochen und vielleicht sogar einkochen wie ich und meine Freunde. Falls ihr noch mehr über mich erfahren wollt empfehle ich euch mein Kräuterkochbuch mit dem Titel **Einfach mal mit Kräutern Kochen** da bringe ich euch heimische Wildkräuter näher. Oder meine Biografie **Durchgehend Durch** die voraussichtlich am 1.11.2024 erscheint, in der ich euch mal etwas über mein verrücktes Leben erzähle.

Bild von Freepik

Facebook Sven Becker